Entwicklungstendenzen und weltwirtschaftliche Aufgaben der deutschen Großbanken

Vortrag,
gehalten in Zürich am 5. Februar 1930 auf Einladung
der Deutschen Handelskammer in der Schweiz

von

DR. GEORG SOLMSSEN

Mitglied des Vorstandes der Deutschen Bank und Disconto-Gesellschaft

WALTER DE GRUYTER & CO. / BERLIN U. LEIPZIG / 1930

Entwicklungstendenzen und weltwirtschaftliche Aufgaben der deutschen Großbanken

Vortrag,
gehalten in Zürich am 5. Februar 1930 auf Einladung
der Deutschen Handelskammer in der Schweiz

von

DR. GEORG SOLMSSEN

Mitglied des Vorstandes der Deutschen Bank und Disconto-Gesellschaft

Sehr geehrte Herren,

wenn ich es heute abend unternehme, der ehrenvollen Aufforderung der Deutschen Handelskammer in der Schweiz folgend, über die Entwicklungstendenzen und die weltwirtschaftlichen Aufgaben der deutschen Großbanken zu sprechen, so bin ich mir bewußt, dem hier versammelten sachverständigen Kreise kaum etwas Neues sagen zu können. Ist doch die wirtschaftliche Lage Deutschlands als des Trägers der gesamten Reparationspolitik und die sich aus ihr ergebende Rolle seiner Großbanken seit einem Jahrzehnt in so weitgehendem Umfange Gegenstand der Betrachtung und Untersuchung Berufener und Unberufener gewesen, daß über die tatsächlichen Verhältnisse an dieser Stelle kaum etwas nicht bereits Bekanntes mitgeteilt werden könnte. Das einzige, was ich für mich in Anspruch nehmen und woraus ich eine gewisse Berechtigung dafür herleiten kann, bei Ihnen Gehör zu finden, ist der Umstand, daß ich seit nunmehr 30 Jahren an maßgebender Stelle im deutschen Großbankgewerbe tätig bin und den Sturm und Drang der gewitterschwangeren Periode, die wir durchlebt haben und noch durchleben, von weitschauender Warte aus beobachten konnte. Die hierbei gesammelten Erfahrungen geben mir ein gewisses Recht zu dem Versuche, den ich heute unternehmen will, Ihnen die in der Erscheinungen Flucht liegende Zwangsläufigkeit der Entwicklungstendenzen des deutschen Großbankwesens zu zeigen und aus diesen Tendenzen die

Aufgaben abzuleiten, welche diese Großbanken der Weltwirtschaft gegenüber zu lösen haben.

Um sogleich eins vorwegzunehmen: Fragen wie die meinem Thema zugrunde liegenden lassen sich nur beantworten, wenn man versucht, sie in die großen Entwicklungsgänge einzureihen, welche die Menschheitsgeschichte bewegen. Wer die Zeit vor dem Weltkriege, während seines verwüstenden Ablaufes und nach seinem Ende an schaffender Stelle miterlebt hat, muß, wenn er dem Werden der Dinge einen Sinn beimessen will, den Ausbruch des Weltkrieges als die Konsequenz eines überspannten Kapitalismus betrachten. Das Ringen der Nationen um den Anteil an der Ausbreitung wirtschaftlicher Betätigung vollzog sich auf dem Boden der Machtpolitik. Hinter dem kaufmännischen Streben ins Weite stand die Rüstung des Staates, bereit, zum Schutze der erstrebten und erworbenen Wirtschaftsinteressen einzugreifen und ihre Stellung zu verteidigen. Der Ausbruch des Weltkrieges hat alle, welche den bewaffneten Frieden als beste Gewähr gegen die Anwendung kriegerischer Gewalt betrachteten und den befohlenen Menschenmord als unvereinbar mit dem erreichten Stadium internationaler Zivilisation ansahen, jäh aus ihren Träumen geweckt und bewiesen, daß die Menschheit von der ihr vermeintlich zugesprochenen Bildungshöhe noch weit entfernt war.

Der Weltkrieg muß mit allem Elend, das er brachte und nach sich zog, den Sinn haben, daß die Größe des Unheils, das er angerichtet hat, sich dahin auswirkt, eine neue Epoche des Zusammenlebens der Völker der Erde einzuleiten. Nicht daß die Menschen besser geworden wären, aber die vom Menschen geschaffene Technik hat den Menschen besiegt und wird ihn in ihrer immer weiterschreitenden Zerstörungsentwicklung zwingen, Frieden zu halten. Die Verwüstungen, welche der Krieg anrichtet, sind so vernichtend, daß ihr erneuter Eintritt die Aufrechterhaltung der weltwirtschaftlichen Beziehungen, auf welche alle Kulturnationen angewiesen sind, unmöglich machen würde. Mehr und mehr wächst die Erkenntnis, daß eine Entwicklung der Wirtschaft, welche auf Ausübung politischer, durch Gewehre und Kanonen gestützter Macht beruht, immer wieder zu Entladungen führen muß, wie sie das Jahr 1914 gebracht hat. Die Weltwirtschaft wird, wenn sie überhaupt weiterbestehen will, zwangsläufig in eine neue Ära der gegenseitigen Rücksichtnahme treten und zur Verständigung über die verschiedenen Interessengebiete gelangen müssen. Dieses Dogma bedeutet keine Negierung des Rechts jeder Nation auf Erhaltung ihrer Eigenart und Sonderstellung; es will nicht besagen, daß die Zukunft einem politischen Volapük gehöre, und daß die durch geographische Gestaltung, durch geschichtliche Entwicklung und durch Rassenunterschiede gezogenen Grenzen zum Verschwinden verurteilt seien. Es ist müßig, Träumereien über die Vereinigten Staaten Europas nachzuhängen, weil sie als politisches Gebilde heute und lange noch eine Utopie darstellen, deren Verwirklichung man nicht in die Rechnung einzustellen braucht. Die allmählich fortschreitende Überbrückung der wirtschaftspolitischen Grenzen nicht nur Europas ist dagegen eine wirtschaftliche Notwendigkeit, für die Erkenntnis zu wecken jeder verpflichtet ist, dem seine berufliche Stellung ermöglicht, die Entwicklung der Wirtschaft ganzer Länder zu überblicken.

Und noch eines kommt hinzu, was gebieterisch zwingt, weltwirtschaftlich zu denken: Hinter dem nächsten Kriege steht der Bolschewismus. Eine nochmalige gewaltsame Übertreibung des Wirtschaftsindividualismus würde für Europa die Gefahr heraufbeschwören, daß das Gefühl der Massen haltlos hinüberpendelt zu dem vermeintlichen Heile des kollektiven Menschentums. Diese Gefahr ist viel größer, als sich viele derjenigen klar machen, die in einseitigem nationalen Chauvinismus befangen geblieben sind. Der

Bolschewismus, der aus der Menschheit einen Bienenstaat machen will, in dem das Einzelwesen nichts und die völlig nivellierte Gesamtheit alles bedeutet, sieht in Europa nur ein Kap von Asien, das eines Tages durch die Flut der kulturell zurückgebliebenen und darum für die Fanatik des Bolschewismus empfänglichen östlichen Massen erstürmt werden soll.

Trotzki predigt nach wie vor die permanente Weltrevolution. In seinen und seiner Anhänger Augen hat, um mit seinen eigenen Worten zu reden, der Bolschewismus den Versuch unternommen, „das Leben umzubauen, um die Möglichkeit der periodisch wiederkehrenden Tobsuchtsanfälle der Menschheit auszuschalten und die Grundlagen für eine höhere Kultur zu schaffen". Angesichts dieser Aufgabe versinken Jahrzehnte und Einzelschicksale zu nichts, und der Blick der Fanatiker bleibt unentwegt auf das vermeintliche Ziel gerichtet, das denn auch von der III. Kommunistischen Internationale — Komintern genannt — in allen Ländern mit allen Mitteln und in dem Bewußtsein verfolgt wird, daß der Stillstand der Bewegung zu ihrem Ende führen würde.

Der Bolschewismus ist keine Politik mehr, sondern ist zur Religion geworden. Es ist daher sehr beachtenswert, wenn ein Kenner Rußlands wie der verstorbene General Hoffmann nach dem vor kurzem veröffentlichten Zeugnis seiner Witwe der Überzeugung Ausdruck gab, daß der gegen die Zivilisation gerichtete, jede Evolution abweisende Vernichtungswille des Bolschewismus die farbigen Rassen Asiens und Afrikas gegen die Europäer aufwiegeln und das hochindustrialisierte und übervölkerte westliche und mittlere Europa mit dem Verlust seiner asiatischen und afrikanischen Kolonien und den sich daraus ergebenden Ernährungskrisen überraschen werde. Dementsprechend stelle sich die Frage Zivilisation oder Bolschewismus als eines der großen Probleme der Weltgeschichte dar, das ebenso wie die Frage

Griechentum oder Asiatendespotismus, Abendland oder Hunnensieg, Christentum oder Mongolentum nur durch das Schwert gelöst werden könne. Der Angriff des Bolschewismus werde die Mächte Europas trotz allem früher oder später in eine Front zwingen und ihnen das Schwert in die Hand drängen. Aufgabe der Weltwirtschaft ist es, zu verhüten, daß es zu diesem bitteren Ende komme.

Die Entwicklung des Bolschewismus in seinem Ursprungsland zu übersehen ist zurzeit noch nicht möglich. Sie wird davon abhängen, wie die Anwendung des Kollektivismus sich auf die Agrarwirtschaft auswirkt. Jedenfalls erwächst aus den drohenden Tendenzen des Bolschewismus für alle Mitarbeiter einer geregelten, die Menschheit höheren Kulturstufen entgegenführenden Weltwirtschaft die Pflicht, die weltwirtschaftlichen Zusammenhänge zu stärken, dem Verständnis der gegenseitigen Bedürfnisse die Wege zu ebnen und Verwicklungen vorzubeugen, welche in ihren Folgen nicht abzusehen sind.

Die deutschen Großbanken sind mitten in die sich hieraus ergebenden Probleme gestellt. Deutschland ist nicht nur der Nachbar Rußlands. Es ist auch der Träger der gesamten Reparationskonstruktion, deren gewaltsamer Zusammenbruch den Wall, den Deutschland gegen das Vordringen des Bolschewismus bildet, zum Einsturz bringen würde. Der gesunde Sinn des deutschen Volkes, sein hoher Kulturstand, sein Heimatsgefühl, seine Ordnungsliebe, sein Fleiß, sein vielfach übertriebener Drang zum Partikularismus und zur Individualität sind an sich das beste Schutzmittel gegen das slawischer Indolenz und Kulturlosigkeit entsprungene Produkt des Bolschewismus. Diese Eigenschaften zu erhalten und zu stärken ist daher das Ziel, dem alle Kräfte gewidmet werden müssen. Der Weg hierzu ist eine geordnete Wirtschaft, die den einzelnen wieder zu geregeltem Arbeits- und Lebensgenuß kommen und nach allem Schrecklichen, was durchlebt werden mußte, hoffen läßt, wirklich für seine und der Seinigen Zukunft zu arbeiten.

Um die Möglichkeiten und Grenzen der Mitarbeit der deutschen Großbanken zur Erreichung dieses Zieles zu übersehen, ist es erforderlich, einen Blick auf die Vergangenheit zu werfen, weil sich aus ihr das Verhältnis der Banken zur deutschen Wirtschaft ergibt.

Die eigenartige Stellung, welche die deutschen Großbanken in der Vorkriegszeit einnahmen, war in der plötzlichen Wendung des Verhältnisses begründet, welche sich aus der Schaffung des Deutschen Reichs ergab. Durch die Staatskunst Bismarcks waren mit einem Schlage die deutschen Stämme zu einem einheitlichen Körper zusammengeschweißt worden. Den vielseitigen Kräften des deutschen Volkes, die bis dahin nur in zersplitterter Form zur Geltung gekommen waren, bot sich nunmehr unter dem Schutz der Reichsmacht die Möglichkeit einheitlichen Wirkens im In- und Auslande. Der Deutsche, dem seit Jahrhunderten versagt gewesen war, sich als Angehörigen eines großen Volkes zu fühlen, durfte endlich das Bewußtsein in sich tragen, civis germanus zu sein. Auf dieser politischen Grundlage entfaltete sich ein Entwicklungsdrang, dem die finanzielle Unterlage im einzelnen fehlte. Den deutschen Großbanken ist es zu danken, daß in dieser Periode die zur Verfügung stehenden Mittel zusammengefaßt und in die richtigen Bahnen gelenkt wurden, um der Industrie die Möglichkeit zur Nutzbarmachung ihres Könnens zu geben. Unter der Ägide der damals bestehenden deutschen Großbanken, und in erster Linie der Disconto-Gesellschaft, der sich die Deutsche Bank und die anderen Banken und Bankfirmen anschlossen, wurde damals der Grundstein zur Entwicklung des deutschen Eisenbahnwesens, der Kohlenindustrie und der Schwerindustrie gelegt. Es bedarf nur der Nennung der Namen von Unternehmungen wie der folgenden, um die

Erinnerung an diese Zeit schöpferischer Tätigkeit wachzurufen: Die Köln—Mindener, die Berlin—Lehrter, die Mannheim—Karlsruher, die Magdeburg—Halberstadter, die Dortmund—Gronau—Enscheder, die Aachen—Mastrichter, die Pfälzische Ludwigsbahn bezeichnen einzelne Etappen des von der Disconto-Gesellschaft mitgeschaffenen deutschen Eisenbahnwesens. Die Gelsenkirchener Bergwerks-A.-G., der Phoenix, die Gesellschaft für elektrische Unternehmungen, die Ludwig-Loewe-A.-G., die Kalibergwerksgesellschaft Aschersleben, die Deutsche Erdöl-A.-G., die Gesellschaft für elektrische Hoch- und Untergrundbahnen, die Deutsch-Österreichischen Mannesmann-Röhrenwerke seien aus der großen Zahl der industriellen Schöpfungen, die Hamburg-Amerikanische Paketfahrt-A.-G., der Norddeutsche Lloyd, die Deutsch-Atlantische Telegraphen-Gesellschaft aus der Reihe der Verkehrsunternehmungen hervorgehoben, die Preußische Central-Boden-Credit-A.-G. sei als Vorbild für die Regelung des Immobilienkredits genannt.

Damals sind die Formen ausgebildet worden, welche seitdem in Deutschland für die Führung von Konsortien in Übung geblieben sind, und deren Zweck es war, die Werte der ins Werk gesetzten Unternehmen allmählich emissionsreif zu machen und sie den öffentlichen Kapitalmärkten zuzuführen. Die solide Arbeitsweise der Großbanken hat deren Emissionskredit so stark gemacht, daß auf ihre Unterschrift stets die notwendigen Kapitalien zur Verfügung standen, um die Ausführung ihrer Pläne zu sichern.

Diese Finanzierungstätigkeit mußte mit großer Vorsicht geübt werden. Sie durfte nie die Mittel der Banken in einem Umfange festlegen, daß dadurch deren Liquidität beeinträchtigt und die Ausübung der Funktionen des laufenden Bankgeschäftes gehemmt wurde. Im Gegenteil, die Pflege dieses laufenden Geschäfts mußte stets im Vordergrund der zu erfüllenden Aufgaben bleiben und sein Ausbau als die primäre

Pflicht betrachtet werden. Ganz abgesehen von dem Liquiditätsgebot und der Notwendigkeit, dem Kreditgeschäft die für das Gedeihen der Volkswirtschaft erforderliche Ausdehnung zu geben, war eine der wichtigsten Voraussetzungen für den Betrieb eines erfolgreichen Emissionsgeschäftes die Heranziehung einer Kundschaft, welche der Bank dank ihrem von der Bank mit veranlaßten steigenden Wohlstand die treue Gefolgschaft leistete. Eine solche Kundschaft stellt die Klaviatur dar, auf welcher erst die interessanten Melodien des Finanzierungsgeschäftes gespielt werden können.

Mit wachsendem Volksvermögen und dem durch die ständig zunehmende Einwohnerzahl hervorgerufenen Drange ins Ausland übersprang die Finanzierungstätigkeit der deutschen Großbanken die heimischen Grenzen. Deutschland wurde mehr und mehr Gläubigerland und fand in der Zusammenwirkung von Kapital und technischer Arbeit in immer stärker steigendem Umfange die Genossenschaft auch des ausländischen Kapitals und der es vertretenden Banken und Bankfirmen des Auslandes. Jeder, der in dieser zwischen den Jahren 1875 und 1914 liegenden Spanne mit an dem Webstuhl der Zeit sitzen und an den weltumspannenden Aufgaben mitarbeiten durfte, die damals den deutschen Großbanken und ihren in- und ausländischen Freunden in so reichem Umfange gestellt wurden, wird mit Freude daran zurückdenken. Ich brauche nur Anleihen und Unternehmungen wie die folgenden zu nennen, um die Erinnerung an eine Periode zu wecken, in der das Zusammenwirken der Nationen zu gemeinsamem Wirken angebahnt schien, um die Segnungen der Kultur über den Erdball zu tragen.

Damals entstanden, um nur einige besonders markante Beispiele der internationalen Betätigung der deutschen Großbanken zu nennen, mit ihrer Hilfe die Kaschau—Oderberg-Bahn, die Österreichische Südbahn, die Elisabethbahn, die

Vorarlbergbahn, die Kronprinz-Rudolf-Bahn, die russischen Bahnen, wie Wladikawkas, Moskau—Rjäsan, Kursk—Kiew, Koslow—Rostow, die Rumänische Eisenbahn-Gesellschaft und die mit ihrer Rekonstruktion verbundene Ordnung der Finanzen des Königreichs Rumänien, die Gotthardbahn, an deren Schaffung die Disconto-Gesellschaft bereits im Jahre 1871 vereint mit schweizerischen und anderen Freunden herantrat, um sich im Jahre 1877 an die Spitze des Garantiekonsortiums für die noch ausstehenden Aktien zu stellen, eine mutige Tat, welche die Durchführung des Baues ermöglichte, die Schweizerische Nordostbahn, die Schweizerische Zentralbahn, die Beteiligung an der Erschließung des nordamerikanischen Kontinents durch Eisenbahnen, insbesondere die Reorganisation der Northern Pacific, die Schantung-Eisenbahn und Bergbau-A.-G., die Tientsin—Pukow-Eisenbahn, die Venezuela-Bahn, die Otavi-Minen- & Eisenbahn-A.-G., die Neu-Guinea-Compagnie, die Anatolische Eisenbahn-Gesellschaft, die Bagdadbahn-Gesellschaft, die Steaua Romana, die Ostafrikanische Gesellschaft, die Banque Générale Roumaine, die Brasilianische Bank für Deutschland, die Bank für Chile und Deutschland, die Deutsch-Asiatische Bank, die Deutsche Übersee-Bank und die Deutsch-Ostafrikanische Bank. Von großen Anleihen jener Zeit sind hervorzuheben die des Deutschen Reiches und der deutschen Bundesstaaten, sowie solche Italiens, der Schweiz, Österreich-Ungarns, der Türkei, Schwedens, Norwegens, Rußlands, Finnlands, Argentiniens, Brasiliens und Chinas.

Diese kleine Auslese aus der großen Reihe von Geschäften, die nur von der Disconto-Gesellschaft und der Deutschen Bank gemeinsam mit ihren Freunden entriert wurden, und deren Zahl sich unschwer vergrößern ließe, gar nicht zu reden von den unzähligen Beteiligungen, an denen beide Banken maßgeblich interessiert waren, zeigt die internationale Vielgestaltigkeit des Wirkens der deutschen Großbanken. Dieselben repräsentieren in einzigartiger Weise den Typ der Universalbank, welche in sich die Pflege des Kreditgeschäfts und des Geldhandels mit dem Emissions- und Gründungsgeschäft vereinigt. Die deutsche Großbank verkörpert nicht eine einseitige Spezialisierung in der Richtung der reinen Depositen- oder Kreditbank oder des Finanzierungsinstituts oder des Effektenhandels, sondern umfaßt alle Möglichkeiten der Betätigung auf allen Gebieten der Kredit- und Kapitalversorgung der heimischen und der Weltwirtschaft. In dieser Eigenart der deutschen Banken war die Tatsache begründet, daß ihr Werden und Wachsen in engstem Zusammenhange mit der Entwicklung der heimischen und der Weltwirtschaft stand und ihre Arbeit darauf gerichtet war, der stark zunehmenden deutschen Bevölkerung Existenzmöglichkeiten zu schaffen, indem der Wirkungskreis deutscher Arbeit im In- und Auslande stetig und zielbewußt erweitert wurde. Die sich aus dieser Entwicklungstendenz ergebende enge Verknüpfung des deutschen Bankwesens mit allen Zweigen der Wirtschaft führte dazu, daß auch die allgemeinen Fragen der Gestaltung dieser Wirtschaft in stetig steigendem Maße von den Banken mitbearbeitet wurden. Der Centralverband des deutschen Bank- und Bankier-Gewerbes, dessen Leitung ihre Direktiven von den Vertretern der Bank und Bankfirmen des ganzen Landes erhält, und der seinerseits in engem Konnex mit den volkswirtschaftlichen und Rechtsabteilungen seiner Mitglieder, insbesondere der Großbanken steht, hat jahraus, jahrein eine gewaltige Arbeit in der Wahrnehmung des wirtschaftlichen Interesses des Bankierstandes auf allen Gebieten der Gesetzgebung und politischen Entwicklung zu leisten, so daß auch die hierunter fallenden Probleme immer wieder Gegenstand tätiger Mitarbeit der Banken werden.

Bis zum überraschenden, bis zuletzt für unmöglich gehaltenen Ausbruch des Weltkrieges durfte man sich in dem

Glauben wiegen, die den Erdball umspannende Tätigkeit der deutschen Großbanken und die daraus entspringende Zusammenarbeit mit allen anderen Kulturnationen sei die beste Bürgschaft eines ewigen Friedens. Leider war diese kulturelle und zivilisatorische Gemeinschaftsarbeit ein Trugbild. Der Ausbruch des Weltkrieges hat bewiesen, daß unter der Oberfläche freundschaftlicher Formen und ausgeglichenen Nationalismus gewaltige Spannungen schlummerten, die eine Explosion von nie erhörter Gewalt herbeigeführt haben. In dieser Explosion ist das Palladium des Kapitalismus, der Schutz des Privateigentums, zu einem Nichts geworden. Die kapitalstärksten Mächte haben in unbegreiflicher Verblendung dem internationalen Vertrauen in die Integrität von Hab und Gut der Nichtkriegsteilnehmer den Todesstoß versetzt. Und so steht die Welt jetzt vor dem Trümmerhaufen einer auf gegenseitiger Achtung aufgebaut gewesenen Weltwirtschaft, hinter dem das Nichts des jede Individualität von Menschen und Dingen verneinenden Bolschewismus gähnt. Es bedarf einer gewaltigen Wiederaufbauarbeit, um das entstandene Chaos zu ordnen. Den deutschen Großbanken fallen hierbei gewichtige Aufgaben sowohl innerhalb der deutschen wie der internationalen Wirtschaft zu, deren Lösung allerdings auf außerordentliche Schwierigkeiten stößt und zwingt, vollkommen neue Wege zu gehen.

Deutschland, das vor dem Kriege ein Gläubigerland war, ist durch Krieg und Nachkriegszeit ein Schuldnerland geworden. Bankmäßig hat sich diese Tatsache dahin ausgewirkt, daß den Banken die Mittel fehlen, um der heimischen Wirtschaft die von ihr benötigten Kapitalien in ausreichendem Umfange zur Verfügung zu stellen. Sowohl sind die Eigenkapitalien der Banken stark zusammengeschrumpft, als auch tritt in ihren Bilanzziffern der Kapitalmangel des Landes stark in Erscheinung.

Was die Eigenmittel betrifft, so zeigt ihren Schwund die

folgende Zusammenstellung des Verhältnisses, in welchem die D-Banken ihr Kapital zusammengelegt haben:

Disconto-Gesellschaft	6½ : 1
Deutsche Bank	10 : 1
Dresdner Bank	12½ : 1
Darmstädter und Nationalbank . .	10 : 1

Aus einem Vorkriegsaktienkapital dieser vier Banken von insgesamt 1000 Millionen Goldmark und einem Inflationskapital von 4100 Millionen Papiermark waren nach der Goldmarkumstellung 388 Millionen Reichsmark geworden.

Die Banken waren nicht wie die Industrie in der Lage, während der Inflation die Flucht in die Sachwerte anzutreten, und so sind sie kapitalmäßig mit die Hauptleidtragenden des Währungszusammenbruchs geworden. Gleichzeitig hat sich bei ihnen der Kapitalschwund der gesamten Wirtschaft aufs stärkste ausgewirkt.

Die Erschwerung der Finanzierung des deutschen Außenhandels tritt außerordentlich plastisch in der Bewegung des Akzeptkontos zutage. Das Großbankakzept besitzt im internationalen Verkehr Zahlkraft und wird dadurch in gleicher Weise wie die Einlagen zur Quelle der Kreditgewährung der Banken. Ende 1913 beliefen sich die Akzepte der Großbanken auf 1856 Millionen Goldmark. Im Jahre 1918 waren sie auf ein Achtel dieses Betrages gesunken, um während der Inflation völlig zu verschwinden. Mit der Stabilisierung der Währung trat eine allmähliche Steigerung ein, die aber bis jetzt nur ein Viertel des Vorkriegsbestandes erreicht hat.

Ein gleiches Manko zeigt der Stand der Einlagen. Zwar sind die Kreditoren sämtlicher, Zweimonatsbilanzen veröffentlichenden deutschen Banken von 8392 Millionen Goldmark im Jahre 1914 bis zum 30. November 1929 auf 14235 Millionen Reichsmark gestiegen. Die Zusammensetzung dieser Kreditorenposten hat sich aber wesentlich geändert. Man wird nicht fehlgehen, wenn man die Hälfte dieses Kreditorenbestandes dem Zustrom ausländischen Kapitals zuschreibt, so daß nur etwa 7000 Millionen Reichsmark auf innerdeutsche Kapitalbildung zurückgeführt werden können. Diese Veränderung der Zusammensetzung der Kreditoren zeigt sich in der völligen Verschiebung des Verhältnisses der kurz- und der langfristigen Anlagen. Während im Jahre 1913 bei den Großbanken 38 % der Kreditoren auf langfristige und 62 % auf kurzfristige Anlagen entfielen, ist das Verhältnis jetzt umgekehrt.

Ganz besonders hat sich aber das Zahlengefüge in der Gewinn- und Verlustrechnung verschoben, eine Erscheinung, die nicht nur für Deutschland allein eigentümlich ist, sondern auch, wie ein soeben erschienener, sehr instruktiver Artikel des Herrn Dr. Hönig in der Zeitschrift für Handelswissenschaft und Handelspraxis zeigt, die Banken anderer Länder, z. B. der Schweiz, wenn auch nicht entfernt in gleichem Umfange, betroffen hat.

Den deutschen D-Banken waren vor dem Weltkriege 53,25 % ihres Bruttoerträgnisses als Nettogewinn verblieben, in den Jahren 1927 und 1928 dagegen nur 18,4 %. Der Betriebskoeffizient, der im Jahre 1913 nur 46,75 % betragen hatte, stieg in den Jahren 1927 und 1928 auf 81,5 % und 81,6 %. Während der Rohgewinn des Jahres 1928 sich, verglichen mit dem des Jahres 1913, nicht ganz verdoppelt hat, haben sich die Steuern vervierfacht und die sonstigen Lasten verdreifacht, so daß der Reingewinn nur noch 65 % desjenigen des Jahres 1913 beträgt.

Daß ein wesentlicher Teil dieser Entwicklung in nicht nur Deutschland eigentümlichen Verhältnissen, sondern in allgemeinen Umständen seinen Grund hat, zeigt ein Vergleich der Parallelzahlen, welche für die schweizerischen Großbanken, also für Institute eines Landes bestehen, dem

Krieg, Revolution, Inflation und Reparation erspart geblieben sind.

Nach einer in dem erwähnten Aufsatz des Herrn Dr. Hönig wiedergegebenen Zusammenstellung des Schweizerischen Bankvereins ergeben sich für die acht großen Schweizer Institute, nämlich die A.-G. Leu & Co., die Basler Handelsbank, das Comptoir d'Escompte de Genève, die Eidgenössische Bank A.-G., die Schweizerische Bankgesellschaft, die Schweizerische Kreditanstalt, die Schweizerische Volksbank und den Schweizerischen Bankverein, folgende Vergleichszahlen:

Diesen Banken waren im Jahre 1913 57,4 % des Bruttogewinns als Nettogewinn verblieben (gegen 53,25 % der deutschen D-Banken), in den Jahren 1927 und 1928 war diese Zahl auf 37,2 % und 39,8 % gesunken (gegen 18,4 % der deutschen D-Banken). Der Betriebskoeffizient der Schweizer Banken, der im Jahre 1913 42,6 % betrug (gegen 46,75 % der deutschen D-Banken), war im Jahre 1928 auf 60,2 % gestiegen (gegen 81,6 % der deutschen D-Banken).

Auch in der Schweiz trägt den Löwenanteil der Unkostensteigerung das Personalkonto. Es ist von 21,5 % des Bruttogewinns auf 35,4 % desselben gestiegen.

Dem absoluten Betrag nach haben sich die Steuern und sonstigen Ausgaben mehr als verdreifacht, während sich die Personalausgaben verfünffacht haben. Während der Bruttogewinn der Schweizerischen Banken sich, verglichen mit dem Jahre 1913, im Jahre 1928 verdreifacht hatte, ist demgemäß der Reingewinn um wenig mehr als das Doppelte gestiegen.

Die Unkostensteigerung der Großbankbetriebe stellt mithin nicht eine nur für Deutschland typische Entwicklung dar, wenn sie auch dort infolge der besonderen Umstände besonders scharf in Erscheinung tritt. Auch bildet das Unkostenproblem der Banken nicht eine erst seit Ausbruch des Weltkrieges wahrnehmbar gewordene Entwicklung. Dieselbe reicht viel weiter zurück. Eine Zusammenstellung der Unkosten aller deutschen Kreditbanken mit einem Kapital von mindestens 1 Million Reichsmark und ein Vergleich dieser Unkosten mit dem Bruttogewinn dieser Banken zeigt, nach Angaben von Burghard in der „Bank" vom Februar 1914, daß der prozentuale Anteil der Unkosten am Bruttogewinn sich belief im Jahre

1895	auf 18,0 %
1905	„ 27,0 %
1912	„ 36,8 %.

Im Verlauf dieser 17 Jahre war also bereits eine Erhöhung des Unkostenanteils um 50 % eingetreten, der sich die in den nächsten 15 Jahren eingetretene Steigerung um weitere 75 % in Anbetracht der besonderen Verhältnisse dieser Zeitspanne nur logisch anschließt.

Es liegt auf der Hand, daß das Unkostenproblem seit langem die Banken auf das intensivste beschäftigt. Die Prüfung der Möglichkeiten, ohne Verringerung der Sicherheit den Betrieb zu vereinfachen, ist Gegenstand einer besonderen Wissenschaft geworden, welche zur Entwicklung einer Fülle von technischen und administrativen Maßnahmen geführt und eine immer stärker ins einzelne gehende statistische Durchforschung aller Betriebsvorgänge veranlaßt hat. Die dadurch gewonnene Erkenntnis der Zusammenhänge zwischen Aufwand und Erfolg und die aus ihr fließende Möglichkeit, die Kunst des Sparens mit derjenigen der Wirkungssteigerung zu verbinden, werden schließlich auch des Unkostenproblems Herr werden, wenn man sich nicht scheut, die Konsequenzen der Entwicklung unter Hintansetzung aller persönlichen und gefühlsmäßigen Rücksichten zu ziehen.

Einen kleinen Einblick in die Ergebnisse der Ersparnismaßnahmen gewähren nachstehende Daten: Bei der Disconto-Gesellschaft wurde erreicht, daß im Jahre 1928, verglichen mit dem Jahre 1914, das

Dreieinhalbfache an Wechseln mit einem Büropersonal von 38 gegen 30,

Fünffache an Schecks mit einem Büropersonal von 18 gegen 21,

Eineinhalbfache an Devisen mit einem Büropersonal von 175 gegen 300

bei gleichzeitig seit dem Jahre 1925 eingetretener Steigerung der Buchungsposten um 25 % unter Reduzierung des Buchungspersonals von 221 auf 161 Beamte bearbeitet werden konnte.

Diese Maßnahmen konnten indessen den Unkostenkoeffizienten ebensowenig zum Sinken bringen wie die Verminderung der Angestelltenzahl, die bei der Disconto-Gesellschaft von 8900 im Jahre 1925 bis Anfang des Jahres 1929 auf 7000 gesenkt wurde. Dies zeigt sich beim Vergleich der Entwicklung der Verwaltungskosten und der Dividenden des Instituts.

Es betrugen in Prozenten des Bruttogewinns

	die Verwaltungskosten und Steuern	die Dividende
1913	36,45	49,40
1924	83,56	14,64
1925	81,61	18,10
1926	76,98	21,24
1927	78,06	20,21
1928	78,27	19,87

Der Grund dieser Entwicklung liegt in der Gestaltung des Personaletats, auf dem sich die Erhöhung der Tarifgehälter seit dem Jahre 1924 um 70 % bis 75 % und das automatische Aufsteigen in höhere Gehaltsklassen auswirkten. Diese Entwicklung wird auch dadurch illustriert, daß z. B. bei der Deutschen Bank der Durchschnittsreingewinn im Jahre 1913 146 % des Durchschnittsgehalts pro Kopf des Beamten ohne Einrechnung des Vorstandes betrug, im Jahre 1928 dagegen diese Ziffer auf nur 40 % gesunken war.

Abgesehen von der Gehaltssteigerung wurde diese Erscheinung durch die Erhöhung der Manipulationskosten verursacht, welche sich aus der Verkleinerung des Wertes der einzelnen Geschäftsvorfälle und dem Steigen der Zahl derselben bei gleichem Mengenumsatz ergab. So betrug z. B. bei der Disconto-Gesellschaft die Durchschnittssumme der Wechsel im Jahre

1913	4154,25 Goldmark
1927	2321,10 Reichsmark
1928	1802,05 Reichsmark.

Legt man die Stückzahl der Wechsel für das Jahr 1926 mit 100 zugrunde, so ergeben sich als Vergleichszahlen für 1927 und 1928 die Ziffern 155 und 243.

Der Verlust an Eigenkapital und die durch das automatische Steigen der Lasten verursachte Hemmung seiner Neubildung ist keine den Banken allein typische Erscheinung, sondern findet sich als das hervorstechendste Merkmal der gesamten deutschen Wirtschaft. Kapital ohne Rentabilität ist ein in sich widerspruchsvoller Begriff, und so sehen wir seit Kriegsende in Deutschland alle Bestrebungen dahin konzentriert, neues Kapital heranzuziehen und seinen Zufluß durch Zusicherung einer Rentabilität zu beschleunigen, deren Höhe weit über die in anderen Ländern erzielbare hinausgeht.

Man braucht nur einen Blick auf die Geldsätze zu werfen, um die Last zu ermessen, welche die deutsche Wirtschaft in dieser Hinsicht bisher zu tragen hatte.

Tägliches Geld kostete im Monatsdurchschnitt im Dezember 1929

in Zürich	2 %
in Paris	3,47 %
in London	4,23 %
in Amsterdam	3,11 %
in New York	4,82 %
in Hamburg	6,91 %
in Frankfurt	7,06 %
in Berlin	8,35 %

Die Tendenz der deutschen Großbanken mußte dementsprechend darauf gerichtet sein, den fremden Kapitalzustrom unter erträglichen Bedingungen heranzuziehen, des weiteren aber auch darauf, durch interne organisatorische Umstellung mit geringerem Aufwand einen größeren Geschäftsumfang zu bestreiten, dadurch die Unkosten herabzumindern und auf diese Weise zur Erreichung des im Vordergrunde aller finanziellen Aufgaben stehenden Zieles beizutragen, die Zinssätze für den deutschen Geldnehmer einem normalen Stande näherzubringen.

Der Zustrom fremden Kapitals nach Deutschland ist in weitaus größtem Umfange in Form von Darlehen, in geringerem in Form von Kapital-Beteiligungen erfolgt. Die Gesamtsumme der in Form von langfristigen Anleihen durchgeführten Kapitalzufuhr wird bis Ende des Jahres 1929 auf 7500 Millionen Reichsmark geschätzt, zu denen etwa 7000 Millionen Reichsmark kurzfristige Anleihen treten. Die Summe der Kapitalbeteiligung an deutschen Unternehmungen ist schwer festzustellen. Bis Ende des Jahres 1928 haben diese Beteiligungen schätzungsweise den Betrag von 600 Millionen Reichsmark erreicht. Hierzu ist im Jahre 1929 etwa die gleiche Summe getreten. Der am 15. Januar 1930 ausgegebene Bericht des Instituts für Konjunkturforschung enthält über diese Kapitalbeteiligung interessante Daten. Es zeigt sich, daß die Beteiligungen sich auf alle Arten industrieller Unternehmungen erstrecken. Es erscheinen solche der Maschinen- und Fahrzeugindustrie, der Elektroindustrie, der Papierindustrie, der Baustoffindustrie, der chemischen Industrie, der Textilindustrie und Konfektion, der Nahrungs- und Genußmittelindustrie, des Hotelgewerbes, des Bank- und Versicherungsgewerbes, der Glas-, Schiffahrts- und Filmindustrie. Es finden sich Mehrheitsbeteiligungen, Sperrminoritäten, Gründungsbeteiligungen und Gegenseitigkeitsbeteiligungen aller Art.

Ich müßte lügen, wenn ich sagen wollte, daß die deutschen Großbanken restlos zufrieden wären mit der Art und Weise, in der sich ausländische Kapitalhergabe an deutsche Unternehmungen vollzogen hat. Die Banken haben naturgemäß, sobald überhaupt die Möglichkeit bestand, mit dem Ausland wiederum in Beziehung zu treten, mit diesem Verbindung anzuknüpfen versucht, um die Vermittlung des Kapitalzuflusses herbeizuführen. Die ersten tastenden Schritte in dieser Richtung waren nicht leicht, und ich erinnere mich noch deutlich der außerordentlichen Schwierigkeiten, die ich zu überwinden hatte, als ich im Jahre 1922 eine der ersten größeren Transaktionen dieser Art, nämlich die Anleihe für die Legung des deutschen Kabels von Emden nach den Azoren, für die Deutsch-Atlantische Telegraphen-Gesellschaft mit dem Hause Harriman & Co. abschloß. Wir Banken hatten darauf gerechnet, die Durchgangsstellen für alle wesentlichen Transaktionen dieser Art zu werden und durch die dabei auszuübende vermittelnde Tätigkeit Gläubigern und Schuldnern gute Dienste für die gegenseitige Verständigung und die weitere Pflege der wechselseitigen Beziehungen leisten zu können. Leider hat sich diese Erwartung nur teilweise erfüllt. Sowohl die ausländischen Geldgeber wie die inländischen Geldnehmer haben, ich möchte fast sagen: einen Sport daraus gemacht, ihre Geschäfte vielfach unter Umgehung der deutschen Banken abzuschließen. Ob dieses Verfahren sehr weise ist, lasse ich dahingestellt. Die eventuell zu zahlende Vermittlungsprovision fällt nicht ins Gewicht und wird reichlich aufgewogen durch den Vorteil der Mitarbeit einer objektiven, mit den Verhältnissen vertrauten Stelle, welche sich durch ihre Hinzuziehung verpflichtet fühlt, über die Interessen des Gläubigers und des Schuldners zu wachen. Noch ist nicht aller Tage Abend, und es ist abzuwarten, wie die Parteien miteinander fertig werden, wenn die Dinge nicht so klappen sollten, wie man erwartet hat. Dann wird sich wahrscheinlich zeigen, wie wohl diejenigen beteiligten Gläubiger und Schuldner getan haben, die sich von vornherein die Mitwirkung einer beiden Seiten gerecht werdenden Stelle gesichert haben. Wenn ich diese Meinung ausspreche, so darf ich mich auf die vielfältigen Erfahrungen berufen, welche die deutschen Großbanken vor dem Kriege als Vertreter des Gläubigerlandes und nach dem Kriege als Vertreter des Schuldnerlandes sammeln konnten. Wir haben vor dem Kriege, als wir uns aufbauend und als Beteiligte in allen Erdteilen tummeln konnten, stets den Grundsatz befolgt, unsere Geschäfte gemeinsam mit einheimischen Finanziers oder unter Beteiligung solcher Stellen einzuleiten und zu betreiben, die in dem fraglichen Gebiet zu Hause waren. Es ist uns nicht schlecht bekommen. Wir haben dabei die Beobachtung gemacht, daß, ganz abgesehen von den großen personellen Schwierigkeiten, die sich bei dem Zusammenarbeiten verschiedener Nationalitäten ergeben, auch die völlig verschiedenen Rechtsgrundlagen dazu führen, daß sehr leicht Reibungen entstehen, welche den wirtschaftlichen Erfolg beeinträchtigen, aber verschwinden, wenn eine das Hüben und Drüben kennende, in der Psychologie der Beteiligten bewanderte, ihrer aller Vertrauen genießende Stelle mitarbeitet und dazu verhilft, die divergierenden Ansichten auf einen Nenner zu bringen. Man braucht nur die Unterschiede der Rechtsformen in Deutschland, den anglosaxonen und den romanischen Ländern auf dem Gebiete des Obligationen- und Aktienrechts zu betrachten, um zu erkennen, wie verschiedenartig die Gedankengänge der Kapital- und Unternehmungsvertreter in den verschiedenen Ländern sind. Man vergleiche die Kompliziertheit eines amerikanischen Trust deed mit der Einfachheit des deutschen Gesetzes zum Schutze der Obligationäre, die anglosaxone und die romanische Auffassung von der Stellung des Board of directors und des Conseil d'Administration mit der gänzlich verschiedenen Position des Aufsichtsrats einer deutschen Aktiengesellschaft, um sofort zu erkennen, daß in den Köpfen beider, verschiedenen Nationen angehörigen Parteien durchaus verschiedene Ansichten über vermeintlich identische Institutionen bestehen müssen. Es war mir vor und nach dem Weltkriege beschieden, als Vorsitzender und Mitglied der Aufsichtsräte von mit internationaler Beteiligung arbeitenden Unternehmungen tätig zu sein. Ich habe in jedem einzelnen Fall die Erfahrung gemacht, daß es erst nach Jahren, nachdem ein persönliches Vertrauensverhältnis zwischen den Beteiligten hergestellt war, gelang, die Unebenheit der Anschauungen über prinzipielle Fragen der Behandlung der Dinge auszugleichen, und oft erst, nachdem bitteres Lehrgeld bezahlt worden war. Um nur ein Beispiel herauszugreifen: Das deutsche Aktienrecht legt die Führung der Geschäfte uneingeschränkt in die Hände des Vorstandes und gibt dem Aufsichtsrat lediglich ein Aufsichtsrecht, das ihn aber keineswegs berechtigt, ohne weiteres in die Geschäftsführung einzugreifen. Man hat dementsprechend in Deutschland das Prinzip befolgen können, wenn man ein neues Unternehmen vom Stapel ließ, tüchtige Kapitäne auf die Kommandobrücke zu stellen und sie nach bestem Wissen fahren zu lassen.

Man legte das Hauptgewicht auf die Auswahl der Persönlichkeiten, beobachtete ihr Tun und Lassen und verließ sich, und durfte sich, dem Inhalt der Gesetzgebung entsprechend, darauf verlassen, daß der Mensch mit seinen höheren Zwecken wächst und man einen Könner nur vor Verantwortlichkeiten zu stellen braucht, damit er die in ihm liegenden Fähigkeiten entwickle. Der Aufsichtsrat und auch sein Vorsitzender nahmen solchen Männern gegenüber keineswegs die Haltung von Vorgesetzten, sondern die freundschaftlicher Berater ein. Der Erfolg hat diesem System recht gegeben. Ich brauche nur Namen wie Kirdorf, Vögler, Ballin, Heinecke, Duisberg, Bosch, Noellenburg, Reusch, Silverberg, Kloeckner, Haßlacher, Springorum, Middendorf, Birwes, Reuter, Rathenau und Oliven zu nennen, um zu zeigen, wie viele Leiter großer und größter Unternehmungen sich unter diesem System aus kleinsten Anfängen zu wirtschaftlichen Führern großen Stils entwickeln konnten. Versucht man in einer derart auf persönliche Tatkraft abgestimmten Atmosphäre nach Methoden anderer Art zu arbeiten, welche das Schwergewicht in den Board oder Conseil legen, so gibt es einen Mißklang. Nicht, daß ich das eine System über das andere stellen wollte; jedes hat in dem Ideenkreis, in dem es entstanden ist, seine Berechtigung. Jedes leidet aber auch Schiffbruch, wenn es auf andere Verhältnisse angewandt wird, weil seine Anwendung voraussetzt, daß es von Personen geübt wird, die unter ihm aufgewachsen sind. Ich habe Direktoren deutscher Aktiengesellschaften, die unter romanischem Recht lebenden Ausländern gehörten, verzweifelt zu mir kommen sehen mit der Klage, sie wüßten nicht, wie sie die ihnen von den Eignern der Unternehmen auferlegte Berichterstattung und die Bewältigung der sich aus ihr ergebenden Korrespondenz mit ihren aktiven Obliegenheiten in der Betriebsführung vereinigen sollten, weil der paperasse der Anfragen der Zentrale ihre Zeit und Kraft völlig belege.

Noch etwas anderes kommt hinzu, was geeignet ist, die Mitwirkung der deutschen Großbanken bei der Betätigung ausländischen Kapitals für den Geldgeber und den Geldempfänger nutzbringend zu gestalten.

Ein Blick auf die Liste des Betätigungsfeldes der deutschen Großbanken zeigt deren Verbundenheit mit allen Teilen der Wirtschaft. Diese Verbundenheit hat dazu geführt, innerhalb der Banken eine weitverzweigte Apparatur entstehen zu lassen, welche in der Bearbeitung der einschlägigen Materien wohl erfahren ist. Die Beziehungen der Banken gestatten ihnen, sich über jedes Gebiet der Wirtschaft rasch und zuverlässig zu informieren, und, last not least, steht ihnen eine über mehrere Menschenalter reichende Erfahrung zu Gebote hinsichtlich des Aufbaues und der Leitung großer Unternehmungen. Die deutschen Großbanken sind gleichsam Lokomotiven unter Dampf, denen jetzt mangels der Schienen in Form des erforderlichen Kapitals die Möglichkeit abgeht, ihre gewaltige Aktionskraft zum Wohle der Wirtschaft ihres Landes und der Welt voll zur Geltung zu bringen.

Die sich nach dieser Richtung ergebenden Aufgaben könnten zum Besten des fremden Kapitals und zum Wohle Deutschlands viel fruchtbringender, als solches bisher geschehen ist, gelöst werden, wenn nicht die Umgehung der deutschen Banken in Verkennung der durch sie gebotenen Möglichkeiten vielfach beinahe Prinzip geworden wäre.

Daß dem so ist, liegt einesteils vielfach in dem Betätigungsdrang der Auslandsvertreter des fremden Kapitals. Anderenteils ist es eine Folge des Umstandes, daß der Geldsucher prinzipiell gern direkt mit dem Geldgeber zu tun hat und argwöhnisch fürchtet, jede Einmischung eines Dritten könne ihm Kosten bringen. Trotzdem ist die Schlagung der Brücke zwischen In- und Ausland nach wie vor als eine der Hauptaufgaben der deutschen Großbanken zu bezeichnen.

Neben dieser Aufgabe tritt als weitere die der Förderung der Kapitalbildung im eigenen Lande. Sie kann nur erzielt werden, wenn die Einnahmen die Ausgaben übersteigen. Es bedarf keines Hinweises, wie schwer es ist, ein Volk, mit dem fast die ganze Welt im Kriege lag, und das durch Revolution und Inflation hindurchgegangen ist, an geordnete Wirtschaft zu gewöhnen, zumal wenn dieser Gewöhnung der Druck der Reparationslast entgegenstand, deren Umfang zunächst nicht bestimmt und dann in Höhen und für Zeitlängen festgesetzt worden war, welche sich jenseits der für den einzelnen begreifbaren Ziffern bewegen, und das alles, nachdem bereits außerhalb der Reparationen Beträge aufgebracht worden waren, die sich nach offiziösen Schätzungen auf mehr als 40 Milliarden Goldmark belaufen, wozu noch weitere 9 Milliarden Goldmark als Zahlungen unter dem Dawesplan treten.

Erst jetzt, nachdem die Reparationslast ihrem Höchstumfange nach ohne Steigerungsmöglichkeiten durch den Wohlfahrtsindex feststeht und die Androhung bewaffneten Einschreitens zur Erzwingung wirtschaftlicher Leistungen zu verschwinden beginnt, kann energisch an eine Neuordnung der Verhältnisse herangetreten und dieselbe unter Ausschaltung der begreiflichen Furcht in die Hand genommen werden, gesteigerte Leistung werde gesteigerte Auflagen nach sich ziehen.

Für die deutschen Großbanken erwächst aus diesem an Deutschland als Ganzes herantretenden Forderungen eine Fülle von Aufgaben, die sich aber immer wieder unter dem Rubrum Kapitalbildung zusammenfassen lassen.

Der für jede Kapitalbildung unumgängliche Überschuß der Einnahmen über die Ausgaben kann durch Leistungssteigerung oder Ersparnisse erzielt werden. Der Leistungssteigerung steht der als Folge des Krieges die gesamte Welt durchziehende Drang der Arbeitnehmer nach Herabsetzung der Arbeitszeit hindernd im Wege. Der Ausgleich des dadurch entstehenden Mankos mußte durch die Initiative der Unternehmerseite erfolgen, indem versucht wurde, die Produktionskosten durch technische Maßnahmen so weit wie möglich herab- und gleichzeitig die Produktionskapazität so stark, wie irgend angängig, hinaufzusetzen.

Die deutsche Industrie hat in immer steigendem Umfange die Konsequenz dieses Gebots gezogen, und so sehen wir als Ergebnis der nach dieser Richtung tendierenden Bewegung die zunehmende Zusammenfassung gleichartiger und sich ergänzender Betriebe, für die im wesentlichen der Gesichtspunkt maßgebend war, das einzelne Erzeugnis, das bis dahin von einer großen Reihe von getrennten, mit einander konkurrierenden Unternehmungen hergestellt worden war, in steigendem Maße nur in denjenigen Produktionsstätten herzustellen, welche die geringsten Produktionskosten ermöglichten, und die übrigen Produktionsstätten zu schließen. Als typisches Beispiel dieses Vorgehens kann die Bildung der Vereinigten Stahlwerke gelten, deren magnetische Anziehungskraft noch lange nicht abgeschlossen ist.

Es liegt auf der Hand, daß, so sehr Schritte dieser Art kalkulatorisch gerechtfertigt werden können, mit ihrer Durchführung naturgemäß erhebliche Härten verbunden sein müssen und insbesondere auch zur Zerstörung bis dahin als organisches Ganzes bestehender Unternehmungen geschritten werden muß, die für ihre Leiter und Werksangehörigen den Kern der Lebensarbeit bildeten. Auch kann nicht ausbleiben, daß für örtliche Bezirke, innerhalb deren solche Schließungen stattfinden, erhebliche Schädigungen eintreten, während mit dem Wachsen der einzelnen Unternehmungen und der Ansiedlung immer größerer Zahl von Werksangehörigen für sie erhebliche Vorteile verbunden waren. Es bildet eine der traurigsten Arbeiten, die einem wirtschaftlichen Leiter zugemutet werden können, wenn er, dem höheren Zwang volkswirtschaftlicher Erwägungen folgend, das Unternehmen, an dem er und seine Untergebenen mit Liebe hängen, zum Stillstand bringen und versuchen muß, die verwertbaren Teile desselben zu veräußern und die Beamten- und Arbeiterschaft soweit angängig an anderen Stellen unterzubringen. Um so bewundernswerter ist, was nach dieser Richtung in Deutschland unter Hintansetzung aller persönlichen Rücksichten im letzten Jahrzehnt geschehen ist, und mit welcher Energie diese Maßnahmen zur Durchführung gekommen sind. So wurden z. B. bei der Deutschen Bank in der Zeit von 1913 bis Ende 1929 allein 27 000 Beamte abgebaut. Dieselben haben größtenteils anderweit Unterkunft gefunden. Ebenso war es der Disconto-Gesellschaft möglich, den Bestand ihrer Beamtenschaft von der im Inflationsjahr 1923 erreichten Höchstziffer von 17 400 auf rund 7000 im Jahre 1929 zu reduzieren.

Die Schwierigkeiten, die sich der Zusammenballung der neugeschaffenen Verwaltungskörper entgegenstellen, liegen in der Hauptsache auf organisatorischem Gebiete, weil die Gefahr besteht, daß der Apparat verwaltungs- und beamtenmäßig so groß wird, daß er einer starken Bürokratisierung verfällt und schließlich nicht mehr die Beweglichkeit und Initiative besitzt, ohne die ein kaufmännischer Betrieb auf die Dauer nicht gedeihen kann. Aus diesen Hemmungen entsprang die Konsequenz, daß bestimmte, nicht zu große Betriebe wohlbedacht sich von ihrer Einbeziehung in die neu entstandenen großen Gebilde ausschlossen, und zwar in der Hauptsache solche, die den Wert auf die Produktion von besonderen Spezialitäten legten und damit ihre Lebensbeständigkeit neben den großen Massenproduktionsstätten der zusammengeballten Betriebe als gesichert betrachten konnten.

Die deutschen Großbanken haben reichlich Gelegenheit gehabt, alle aus dem Rationalisierungszwang sich ergebenden Überlegungen innerhalb der industriellen Verwaltungen, denen sie angehören, auf das genaueste zu verfolgen und die sich für sie ergebenden Nutzanwendungen zu ziehen. Der gewaltige Unterschied, der zwischen einem industriellen Betriebe und einem Bankbetriebe durch Überwiegen der manuellen Betätigung in dem einen und der geistigen Arbeit in dem andern besteht, mußte naturgemäß dazu führen, daß man nicht ohne weiteres als richtig anerkennen konnte, die industriellen Rationalisierungsmaßnahmen auf den Bankbetrieb zu übertragen. Man hat sich, wie gezeigt, auch bei den Banken bemüht, die Produktionskosten so weit wie irgend möglich herunterzudrücken, indem man unter Benutzung der Entwicklung des für die Büroarbeit in Betracht kommenden Maschinenwesens in immer steigendem Umfange dazu schritt, die Handarbeit anstatt durch Menschenkräfte durch Maschinen ausführen zu lassen, mit dem Ergebnis, daß sowohl eine große Zahl von Beamten gespart als auch insbesondere an Stelle der höher bezahlten älteren Beamten billigere, jüngere oder weibliche Kräfte zur Bedienung der Maschinen angestellt werden konnten. Die dadurch erzielten Ersparnisse wurden indessen fast vollkommen durch die schematischen Lohnerhöhungen, welche tarifmäßig vorgeschrieben waren, ausgeglichen, indem mit dem steigenden Lebensalter der Beamtenschaft von selbst eine Erhöhung ihrer Bezüge eintrat, die bei dem gewaltigen Beamtenapparat so schwer ins Gewicht fiel, daß die maschinell erzielte Ersparnis wieder aufgehoben wurde.

Da andererseits der Geschäftsumfang, insbesondere durch das Darniederliegen des Börsengeschäftes, das als Wirkung der nachlassenden Konjunktur eintrat, gemessen an der Vergangenheit, sich verkleinerte, konnte man doch den Überlegungen nicht ausweichen, die immer wieder der Frage zugewandt werden mußten, ob und was weiter geschehen könne, um die Spanne zwischen Unkosten und Gewinn auf einer Höhe zu erhalten, welche gestattete, sowohl eine angemessene Verzinsung des Aktienkapitals wie die Erzielung solcher Überschüsse zu gewährleisten, daß alljährlich die dem Risiko des Geschäftes entsprechenden stillen Reserven gelegt werden konnten. Eine nach gesunden Prinzipien arbeitende Bankleitung muß darauf halten, daß die für die Bestreitung dieser Posten erforderlichen Gewinnmargen sich im wesentlichen aus dem Ablauf des regelmäßigen Bankgeschäftes ergeben, und darf nicht versuchen, sich darüber hinwegzutrösten, daß sich ein dort zeigendes Manko auf die Dauer durch besondere Glücksfälle und Sondergeschäfte ausgleichen lassen werde. Eine Bankleitung, welche anders verfährt, wird sehr bald auf den Abweg der Spekulation geraten, der auf die Dauer noch stets mit Fiasko geendet hat. Angesichts der geschilderten Entwicklung der Dinge ist die Situation bei allen normal geleiteten Banken im wesentlichen die gleiche mit dem einzigen Unterschiede, daß die vorsichtiger verwalteten vielleicht an einzelnen Stellen weniger Gewinn, dafür aber auch, was in kritischen Zeiten besonders wichtig ist, weniger Verluste aufzuweisen haben als andere, die temperamentvoller vorstoßen und dementsprechend größere Risiken eingehen. Es haben deshalb seit Jahr und Tag bereits zwischen verschiedenen der Großbanken Erwägungen stattgefunden, was geschehen könne, um, ebenso wie die Industrie dies getan hatte, auch im Bankgewerbe eine der Einschrumpfung der Wirtschaft entsprechende Reduzierung des Gesamtapparates herbeizuführen. Der naheliegendste Gedanke war, zu versuchen, zur Verständigung über die Schließung von Filialen zu gelangen, welche an denselben Orten in mehrfacher Auflage verschiedener Institute bestanden, und deren Übersetzung dazu führt, daß die Filialleiter geneigt sind, in der Sucht, den ihnen anvertrauten Apparat gewinnbringend arbeiten zu lassen, unter Hervorhebung lokaler Gesichtspunkte Geschäfte in Vorschlag zu bringen, deren Entrierung der Sorge entspringt, daß sie der Konkurrent machen könnte. Es zeigte sich bald, daß der Versuch, sich über Schließung von Filialen zu verständigen, mißlang, weil naturgemäß jede Bank sich dagegen sträubte, eine gutgehende Filiale zu schließen, und die Verständigung nur betreffs Schließung schlechtgehender Filialen durchführbar schien, deren Schließung aber auch von selbst seitens der einzelnen Institute vorgenommen wurde.

Auf diesem Wege kam man also nicht weiter, und so erwuchs aus diesen Überlegungen der Gedanke, ob es nicht an der Zeit sei, viel radikaler vorzugehen und eine Senkung der Unkosten unter gleichzeitiger Erhöhung der Stoßkraft dadurch zu erzielen, daß man zur Vereinigung bestehender großer Institute schritt. Die Hemmungen, die den dahin zielenden Erwägungen gegenüberstanden, waren außerordentlich groß. Gerade weil nur gleichwertige Institute in Betracht kamen, deren Tradition über Menschenalter hinausreichte, und die in ihrer Eigenart Persönlichkeitsbegriffe darstellten, konnte es nicht anders sein, als daß der Gedanke, diese Eigenart aufzugeben und sie durch Zusammenschluß mit einem Partner umzugestalten, auf schwerste Hemmungen stoßen mußte. Schließlich hat sich aber doch, und zwar gerade bei den beiden größten Bankinstituten Deutschlands, der Deutschen Bank und der Disconto-Gesellschaft, die Überzeugung Bahn gebrochen, daß die der Beeinflussung durch die Banken entzogene wirtschaftliche Entwicklung und insbesondere die mit der Durchführung des Young-Plans an die deutsche Wirtschaft herantretenden Aufgaben es zur unabweisbaren Pflicht machten, über alle traditionellen und persönlichen Bedenken hinwegzugehen und die zwangsmäßige Verkleinerung des beiderseitigen Apparates durch eine Vereinigung großen Stils herbeizuführen.

Ein Entschluß von solcher Tragweite, wie die Fusion zweier Unternehmungen vom Range und Umfange der

Deutschen Bank und Disconto-Gesellschaft, ist nur durchführbar, wenn die innere Struktur beider Gebilde innerlich so stark übereinstimmt, daß ihre gegenseitige Durchdringung möglich erscheint. Erste Voraussetzung hierfür ist identische Auffassung über die zu befolgenden Geschäfts- und Organisationsprinzipien. Diese müssen darin gipfeln, daß jeder Beamte des Instituts, einschließlich dessen Leitung, sich als Diener des Instituts, nicht aber dieses als Piedestal für persönlichen Vorteil und als Mittel zur Befriedigung persönlichen Ehrgeizes betrachten darf. Zur Vermeidung dieses Übels bedarf es eines hohen Maßes traditioneller Disziplin und Selbstzucht. Wo diese fehlen und unter dem Deckmantel der sogenannten Auswirkung der Persönlichkeit eine egozentrische Eigenpolitik betrieben wird, die wohl in einem Privatgeschäft, nicht aber innerhalb einer zur Sicherstellung der Zukunft verpflichteten Verwaltung fremden Geldes zulässig ist, da mögen sich, und zwar besonders in Zeiten starker Kursschwankungen, Augenblickserfolge einstellen, ein auf die Dauer lebensfähiger Organismus wird aber nicht entstehen. Die Schöpfer der Disconto-Gesellschaft und der Deutschen Bank, Adolph von Hansemann und Georg v. Siemens, waren starke Naturen, die ihre ganze Kraft für ihr Wollen einsetzten. Beide waren aber ebenso starke Organisatoren, und darum haben beide verstanden, um sich Kollegien von Männern ersten Ranges zu versammeln, die so vom Geist der Institution, der sie ihren eigenen Aufstieg dankten, durchdrungen waren, daß dieser Geist auch nach dem Fortfall der ersten Führer ganz von selbst durch die Dezennien fortlebte und beide Banken, jede auf dem ihr eigentümlichen Wege, ganz selbstverständlich ihre Entwicklung zu immer größerer Kraftentfaltung fortsetzten.

Es beweist eine weitgehende Unkenntnis der Grundzüge banklicher Organisation, wenn das Journal of Commerce in seiner kürzlich erschienenen Deutschland-Nummer sich den

Kopf darüber zerbricht, wie das fusionierte große Gebilde Deutsche Bank und Disconto-Gesellschaft es wohl fertig bringen werde, nicht der Bürokratisierung zu verfallen und seiner Kundschaft die persönliche pflegliche Behandlung angedeihen zu lassen, welche diese fordere. Es ist merkwürdig, daß dasselbe Blatt in einem Atemzuge berichtet, das von der Disconto-Gesellschaft befolgte System dezentralisierter, ihr gehöriger Provinzbanken, wie der Norddeutschen Bank in Hamburg, des A. Schaaffhausen'schen Bankvereins A.-G. in Köln und der Süddeutschen Disconto-Gesellschaft in Mannheim, sei in den Provinzen, in denen diese Institute arbeiteten, stark kritisiert worden, und dann im folgenden Satze ausführt, es werde vom Wegfall dieser Banken eine Beeinträchtigung der von ihnen mit der Kundschaft unterhaltenen Beziehungen befürchtet.

Derartige Kritik zeigt eine recht mangelhafte Kenntnis der in Betracht kommenden Punkte. Was zunächst die Angst vor der möglichen Bürokratisierung betrifft, so kann man darauf nur mit dem Hinweis antworten, daß mit dem Wachsen eines Unternehmens auch dessen Verwaltungsmethoden wachsen müssen. Man kann nicht ein Warenhaus in der gleichen Weise verwalten wie einen Laden, was aber nicht ausschließt, daß die Kundschaft des Warenhauses mit größerer Kulanz bedient werden kann, als die des Einzelladens. Die Kunst der Leitung großer Organisationen liegt in der Dezentralisation bei gleichzeitig aufrecht erhaltener enger Fühlung aller maßgebenden Faktoren miteinander. Die Erreichung dieses Zieles ist in erster Linie Personenfrage. Ein großer Organismus kann nur gedeihen, wenn er in sich die Ausbildungs- und Aufstiegsmöglichkeiten besitzt, welche ihm für die vielen zu besetzenden verantwortlichen Posten ein Menschenmaterial liefern, das nach gleichen Grundsätzen geschult ist und automatisch im Sinne der Leitung denkt und handelt. Verfügt man über ein so geschultes Korps, das von dem gleichen Geiste des Firmenstolzes beseelt ist, so ist es nicht schwer, den Dienst zwischen den Innen- und Außenstellen so elastisch zu gestalten, daß die persönliche Initiative des einzelnen nicht eingeengt, sondern angefeuert wird und dabei doch Ordnung und Disziplin gewahrt werden. Selbstverständlich muß man sich dabei aller technischen Hilfsmittel für einen raschen Verkehr der beteiligten Stellen untereinander bedienen und darf mit Ferntelephon, eigenen Leitungen hierfür, Springschreiber, Telegraph und, besonders, häufigen Reisen nicht kargen. Die Filialbüros der Zentrale und die die einzelnen Bezirke bearbeitenden Vorstandsmitglieder müssen aus persönlicher Anschauung in diesen Bezirken so gut Bescheid wissen, daß die Verständigung mit den Leitern der Filialen über die von ihnen bearbeiteten Geschäfte vonstatten geht, ohne daß viel Literatur entsteht, und die schriftliche Behandlung sich auf Niederlegung der für die Entscheidung maßgebenden Daten beschränken kann.

Wird in dieser Weise verfahren, so ergibt sich ein Gefüge, das außerordentliche Vorteile in sich schließt. Die Schulung der auf den Außenposten tätigen Leiter wird durch den engen Konnex mit der Zentrale dauernd gefördert und durch den auf dem Wege regelmäßiger Zusammenberufung dieser Leiter erfolgenden Erfahrungsaustausch gehoben. Die Außenstellen verfügen andererseits über das gesamte Informationsmaterial, das der weitschichtige In- und Auslandsapparat des Konzerns heranzuschaffen in der Lage ist. Das Wesentliche bleibt immer die Erhaltung der Initiative und Verantwortungsfreudigkeit, die wiederum nur dann entstehen können, wenn den Trägern derselben auch die Ehre des Erreichten zuteil wird und alle Angehörigen des Instituts das Gefühl wahrer Demokratie in dem Sinne gemeinsamer Arbeit für ein höheres Ziel und der unbegrenzten Möglichkeit des eigenen Aufstiegs umschließt. Diejenigen, welche sich eine solche Zusammenarbeit aller Teile nicht vorzustellen vermögen, wie solches bei dem Verfasser des Artikels des Journals of Commerce der Fall zu sein scheint, beweisen damit nur, daß ihnen ein wahrhaft kollegialer Betrieb, der auf der Basis des suum cuique fußt, fremd ist.

Man hat auch darauf hingewiesen, daß die Größe des Aufsichtsrats und der Lokalausschüsse sich als Hemmnis erweisen werde. Hierauf ist zu erwidern, daß die Summe der Aufsichtsratsmitglieder die vielfältigen Beziehungen verkörpert, welche eine Institution von solcher Bedeutung besitzt, und die Lokalausschüsse sich aus dem Bestreben ergeben, die Vorteile der Dezentralisierung, wie sie in den affiliierten Provinzbanken verkörpert war, ohne deren Nachteil ersparbarer Verwaltungszentren, zu erhalten. Die Gruppierung von Aufsichtsrats- und Ausschußmitgliedern um die größeren Kopffilialen, von denen eine Reihe von Unterstellen abhängt, stellt diesen Kopffilialen den Rat, die Erfahrung und die geschäftlichen Beziehungen der maßgebendsten Wirtschaftler der verschiedenen Branchen in zwangloser Weise zur Verfügung und ermöglicht wiederum diesen Aufsichtsrats- und Ausschußmitgliedern, für ihre eigenen Transaktionen die Informationsquellen des Konzerns an Ort und Stelle zu benutzen. Voraussetzung der gedeihlichen Arbeit ist, daß die oberste Leitung sich nicht in Details verliert, sondern sich darauf beschränkt, soweit es sich um reine Verwaltung handelt, deren Prinzipien festzulegen, während die eigentliche Geschäftsbearbeitung in abgestufter Verantwortung in den betreffenden Dezernaten der oberen Leitung gipfelt und nur in wichtigen Fällen vor das Forum des Gesamtkollegiums kommt.

Die Leiter der Deutschen Bank und der Disconto-Gesellschaft glauben, eine wirtschaftliche Tat zum Besten ihres Vaterlandes und dessen Verflechtung mit der Weltwirtschaft getan zu haben, als sie die gewaltige Arbeit auf sich nahmen, die eben skizzierten organisatorischen Grundsätze innerhalb ihrer vereinigten Betriebe zur Anwendung zu bringen. Sie fanden den Mut zu diesem Vorgehen auf Grund der Achtung, die jedes Institut vor der Leistung des anderen hatte, und auf Grund der in jahrelangem Wettkampf gemachten Beobachtungen paralleler Arbeits- und Denkungsweise in allen großen, die Wirtschaft bewegenden Fragen. Man war sich, als der Entschluß reifte, das beiderseitige Opfer der eigenen Selbständigkeit zu bringen, vollkommen dessen bewußt, daß es großer Anstrengungen bedürfen werde, um möglichst rasch die organisatorischen Erfolge des Zusammenschlusses zu ernten. Man durfte aber nach dieser Richtung, trotz völliger Klarheit über die der wirtschaftlichen Freiheit zurzeit in Deutschland aus mißverstandenem Staatssozialismus erwachsenden Schwierigkeiten, optimistisch denken, weil man sich der Lebenskraft und Initiative jeder der beiden Organisationen bewußt war und von dem Fortfall des zwischen ihnen bis dahin bestehenden Wettstreites einen gewaltigen Zuwachs an Energieentfaltung erwarten konnte. Viele der noch ihrer Lösung harrenden Aufgaben weiterer Rationalisierung der deutschen Wirtschaftskonzerne sind durch die Vereinigung der beiden bisher in getrennten Lagern stehenden Banken in ein ganz neues Licht gerückt. Die Sorge des bereits mehrfach erwähnten Artikelschreibers des Journal of Commerce, diese Vereinigung werde möglicherweise aus 2 plus 2 nicht 4, sondern nur 3 machen, ist daher recht überflüssig.

Die Schaffung des vereinigten Instituts gerade im gegenwärtigen Zeitpunkt schien um so notwendiger mit Rücksicht auf die gewaltigen Aufgaben, die Deutschland auf der Basis des Young-Planes zu lösen hat.

Nachdem der Young-Plan zur Grundlage der künftigen deutschen Wirtschaftspolitik geworden ist, muß diese als ihr Ziel betrachten, seine Erfüllung zu versuchen, ohne durch diese Erfüllung eine Beeinträchtigung der deutschen Wirtschaft herbeizuführen. Ließe man solche Beeinträchtigungen zu, so könnte Deutschland nicht den Aufgaben gerecht werden, welche ihm der Young-Plan stellt. Deutschland kann ihn nur erfüllen, wenn sich ihm die Tore der Weltwirtschaft in einem Umfang öffnen, der ermöglicht, einen Exportüberschuß an das Ausland in der zur Transferierung der festgesetzten Reparationsannuitäten genügenden Höhe zu erzielen. Was von deutscher Seite zur Erreichung dieses Zieles geschehen muß, ist so weitgehende Herunterdrückung der Produktionskosten, daß die deutschen Erzeugnisse auf den Auslandsmärkten absetzbar bleiben. Es ist gezeigt worden, in welchem Maße die Privatwirtschaft bereits am Werke ist, um durch Rationalisierung und Ersparung ersparbarer Unkosten den Produktionsprozeß zu verbilligen, die Voraussetzung für eine rentable Kapitalbildung zu schaffen und durch sie einen der wichtigsten Unkostenfaktoren, den Zinssatz des geborgten Geldes, immer mehr auszumerzen. Es darf nicht verhehlt werden, daß es dringende Pflicht der deutschen Staatswirtschaft ist, in dieser Hinsicht endlich mitzuarbeiten und sich von der Idee zu befreien, als könne Deutschland sich gleichzeitig weltwirtschaftlich betätigen und doch innerhalb der Weltwirtschaft auf dem Isolierschemel sozialistischer Ideen thronen wollen. Ebenso nachdrücklich muß aber hervorgehoben werden, daß der Young-Plan nur dann zum Leben gebracht werden kann, wenn auch die Gläubigernationen sich dem Geiste, von dem diktiert zu sein er behauptet, unterwerfen und aufhören, durch Zollschranken und prohibitorische handelsvertragliche und außervertragliche Maßnahmen dem deutschen Import unübersteigliche Wälle entgegenzusetzen. Der Wert des von den alliierten Staaten im Ausland liquidierten deutschen Eigentums beläuft sich auf 11 700 Millionen Goldmark. Die Valutaeinkünfte aus diesem Besitz fehlen Deutschland. Die

Begleichung der Reparationsleistungen ist daher nur durch Schaffung neuer Forderungen an das Ausland möglich. Ihre Entstehung hat zur Voraussetzung, daß die Reparationsgläubiger bereit sind, deutsche Erzeugnisse in einem dem Betrag ihrer Reparationsansprüche entsprechenden Ausmaß abzunehmen.

In diesem Zusammenhange muß der Reparationsbank gedacht werden. Abgesehen von der ihr zugewiesenen Tätigkeit des Empfanges und der Verteilung der Reparationszahlungen und Sachlieferungen, der Mobilisierung der transferungeschützten Teile der Annuität, der Funktion als stabilisierenden Faktors für die Wechselkurse, als Goldclearingstelle und als Revisionsinstanz, falls Aufschub der Zahlungen erforderlich wird, sind der Bank auch wirtschaftliche, über diese mehr technischen Obliegenheiten weit hinausgehende Aufgaben zugewiesen worden. Ihre Lösung soll die der Durchführung des Young-Planes entgegenstehenden internationalen Schwierigkeiten überbrücken. Es darf nicht verhehlt werden, daß die Realisierbarkeit dieser der Reparationsbank zugeschriebenen wirtschaftlichen Funktionen erheblichem Skeptizismus begegnet. Ihre Durchführung stellt die Leitung der Bank vor Probleme, deren Lösung eine weitgehende Verbundenheit der nationalen Wirtschaften der verschiedenen Länder zugunsten eines höheren internationalen Zweckes voraussetzt. Für diese Verbundenheit hat aber bisher mehr die Phantasie der Schöpfer des Young-Planes in ihrer Rolle als weltwirtschaftlicher Führer, als das Wollen der national Geführten Verständnis bewiesen.

Die gedachten Sonderfunktionen der Reparationsbank erstrecken sich auf folgende Aufgaben:

1. Die Bank soll den Kapitalimport nach Deutschland organisieren, um die Notwendigkeit eines etwaigen Transferaufschubs möglichst aus dem Wege zu

räumen. Zu diesem Zwecke soll sie nach Art eines Investmenttrusts deutsche Anlagewerte erwerben und auf Grund derselben eigene Trustobligationen im Ausland emittieren.

2. Die Bank soll im Falle des Transferaufschubs im Einvernehmen mit der Reichsbank für die Anlage der von Deutschland geleisteten Reichsmarkzahlungen in Deutschland Sorge tragen. Der Gewinn aus diesen Anlagen wird ihr gutgeschrieben; sie darf auf Grund dieser Anlagen außerhalb Deutschlands Schuldverschreibungen ausgeben und mit deren Erlös ihre eigenen Gläubiger befriedigen.
3. Die Bank soll sich um die Ausweitung der deutschen Ausfuhr und des Welthandels durch Gewährung von Kredit, insbesondere zur Finanzierung von solchen Unternehmungen in unentwickelten Ländern bemühen, die mit gewöhnlichen Finanzierungsmöglichkeiten nicht in Angriff genommen werden können.

Es würde zu weit führen, in die Untersuchung darüber einzutreten, ob und inwieweit sich diese Aufgaben verwirklichen lassen werden. Sie werden ihrer Lösung nur dann nähergebracht werden können, wenn die Reparationsbank in engem Konnex mit den deutschen Großbanken arbeitet und diesen ermöglicht, ihre Beziehungen und Erfahrungen für internationale Erweiterung der deutschen Wirtschaft nutzbar zu machen. Ob es sich darum handelt, die von Deutschland auf Reparationskonto gezahlten Beträge in Deutschland anzulegen oder als Investmenttrust deutsche Anlagen zu placieren, oder endlich den deutschen Reparationsexport in neu zu erschließende Gebiete abzulenken — in allen Fällen wird die Reparationsbank die ihr selbst abgehende Kenntnis der in Betracht kommenden deutschen Verhältnisse dadurch ergänzen müssen, daß sie sich auf das bankliche Sachverständnis der die industriellen Verhältnisse Deutschlands übersehenden Großbanken stützt. Sie wird hierzu um so mehr gehalten sein, weil sie selbst vermeiden muß, durch die Ausübung der gedachten wirtschaftlichen Funktionen ihre eigene Liquidität in Gefahr zu bringen, und daher darauf angewiesen ist, in Gemeinschaft mit Institutionen vorzugehen, welche ihren Maßnahmen gleiche Erwägungen zugrunde zu legen gewohnt sind.

Ich habe vorhin gesagt, die deutschen Großbanken glichen Lokomotiven unter Dampf, denen die Schienen fehlen, um vorwärts zu stürmen. Wir haben bei dem Einfließen fremden Kapitals nach Deutschland immer wieder die Beobachtung gemacht, daß diesem Kapital, ungeachtet seiner großen Findigkeit, rentable Anlageobjekte zu ermitteln, fast völlig eine Eigenschaft abgeht, deren Vorhandensein auf deutscher Seite in der Vorkriegszeit die Erklärung für den märchenhaften Aufschwung liefert, den die deutsche Wirtschaft nach der Gründung des Deutschen Reiches genommen hatte, nämlich die Fähigkeit, aufzubauen und schöpferisch abwartend neue Werte zu schaffen, deren Ernte erst nach Jahr und Tag möglich wird. Das Fremdkapital, das nach dem Kriege zu uns kam, hat, von wenigen Ausnahmen abgesehen, seine Anlagen in Deutschland fast nur unter dem Gesichtspunkte unternommen, sich möglichst rasch wieder des Engagements zu entledigen. Besonders für das amerikanische Kapital war bis vor kurzem in erster Linie der Standpunkt sofortiger Abwicklung des Übernahmegeschäftes maßgebend. So richtig dieser Standpunkt prinzipiell ist, so falsch ist es, vom deutschen Standpunkte aus, ihn zum ausschließlichen Gesetz zu erheben. Vor dem Weltkriege haben die deutschen Großbanken nie Schwierigkeiten gefunden, die erforderlichen Kapitalien zusammenzubringen, wenn es die Finanzierung sorgfältig studierter industrieller Projekte galt, mochte es sich um Bergwerke, Eisenbahnen, Elektrizitäts- und chemische Unternehmungen in Deutschland oder im Auslande handeln. Stets gab es bei uns und innerhalb unseres weiteren Freundeskreises wagemutige Kapitalisten, welche einer kundigen Führung angemessene Beträge für solche Zwecke zur Verfügung stellten und bereit waren, ihr auf Gedeih und Verderb zu folgen. Gestützt auf diese Gefolgschaft, konnten wir unserer Industrie neue Gebiete für ihre Tätigkeit erschließen und unsere internationalen Erfahrungen und Beziehungen dem deutschen Schaffensdrange zur Verfügung stellen. Daß nach dieser Richtung jetzt ein empfindliches Manko besteht, hat Josiah Stamp in seinem Bericht an den Ausschuß für den wirtschaftlichen Wiederaufbau der Internationalen Handelskammer mit folgenden Worten anerkannt: „Die mangelnde Elastizität der Nachfrage auf dem Weltmarkt für diejenigen Waren, welche Deutschland zu exportieren imstande ist, kann dadurch ausgeglichen werden, daß man durch internationale Kooperation den deutschen Reparationsexport künstlich in neu zu erschließende Gebiete ablenkt, indem von den Gläubigerländern Kapital in Höhe ihres Reparationsanteils jeweils für große Aufschlußarbeiten in unentwickelten Gebieten, z. b. Bahnbau, Elektrifizierung oder dergleichen, mit der Auflage zur Verfügung gestellt wird, für diese Kapitalbeträge ganz oder teilweise deutsche Lieferungen zu beziehen."

Alles das sind Wünsche und Hoffnungen, deren Verwirklichung im Schoße der Zukunft ruht. Nur bei allseitigem guten Willen wird diese Zukunft den dem Young-Plan zugrunde liegenden großen Gedanken internationaler Zusammenarbeit zur Reife bringen. In diesem Gedanken liegt zugleich die Abkehr von dem Fehlglauben, eine auf politischer Übermacht beruhende Wirtschaftspolitik könne schließlich dem Zwange entgehen, Diener dieser politischen Macht und damit verurteilt zu werden, sich eines Tages als Vorposten kriegerischer, alles aufs Spiel setzender Gelüste gemißbraucht zu sehen. In diesem Sinne *kann* die Gründung der Reparationsbank eine neue Epoche gegenseitigen Verstehens und gegenseitiger Achtung einleiten. So betrachtet, gewinnt die Tatsache, daß die Schweiz der Reparationsbank in Basel ebenso die Heimstatt eingeräumt hat, wie dem Völkerbund in Genf, eine weitreichende symbolische Bedeutung. Die erprobte Neutralität der Schweiz, ihre über dem Streit der Nationen stehende, abgeklärte Stellung, die eine der Völkerbefriedung dienende, internationale Institution nach der anderen bei ihr heimisch werden läßt, sollte auch dem Wirken der Reparationsbank das Gepräge geben. Dann würde sie zu einem Werkzeug des Friedens werden, eines Friedens, der jedes Volk zu seinem Recht kommen läßt und sie alle vereint, um die Menschheit als Ganzes höheren kulturellen Zielen entgegenzuführen. Den deutschen Großbanken würde dann beschieden sein, ihr Teil mitzuwirken, um Deutschland zu einem der mittragenden Pfeiler zu machen, auf denen die Weltwirtschaft ruht, eine Weltwirtschaft, welche nicht danach strebt, eine Nation der anderen Nation dienstbar zu machen, sondern ihre Aufgabe darin erblickt, die Wohlfahrt jedes Volkes so zu fördern, daß alle seine Glieder derselben teilhaftig werden und die Segnungen eines sich hebenden Lebensstandards genießen können. Ein in diesem Sinne internationaler Kapitalismus, der aus der Vergangenheit gelernt hat und die zerstörenden Konkurrenztendenzen seines Systems zu überwinden weiß, der sich letzten Endes in Einklang setzt mit den ewigen Wahrheiten aller Religionen aller Zeiten, ist der einzige Weg, um die Gefahren zu überwinden, die entstehen müßten, wenn die Menschheit an der Idee des Kapitalismus verzweifelte und seiner durch einen jede Eigenpersönlichkeit vernichtenden Kollektivismus, gleichviel, in welcher Form er auftritt, Herr zu werden versuchte.

So betrachtet, rückt auch die Zukunft Deutschlands in ein helleres Licht. Gewiß, das Diktat von Versailles ist nichts weniger als ein „document humain", das vor der Nachwelt als Zeugnis edler Kulturhöhe bestehen könnte, und es ist ein Jammer, daß soviel Leid und Qual erduldet werden mußte und noch zu erdulden ist, um dieses Machwerk menschlicher Leidenschaft zu überwinden und eine neue, bessere Zeit zu gebären. Und doch, diese Zeit wird kommen, und Deutschland wird einer der wichtigsten Faktoren sein, um aus dem geistigen Erbe der Vergangenheit die neue Zukunft entstehen zu lassen. Die Läuterung des Kapitalismus von den Schlacken hemmungslosen Wettstreits der Völker zu menschenwürdigen Formen des internationalen Ausgleichs der Interessen wird in erster Linie von Deutschland als dem an das Kreuz der Reparationen geschlagenen Erlöser der Welt vom Fluche des Krieges auszugehen haben.

Es kann nicht anders sein, als daß die Erfüllung der Deutschland aufgebürdeten Aufgabe, deren Riesenhaftigkeit alles übersteigt, was je einer Nation zugemutet worden ist, seine Kräfte stählen und es zwingen wird, alle Teile der Volksgemeinschaft zu äußerster Anstrengung zusammenzufassen. Die hierfür aufgewendete Arbeit wird nicht vergeblich sein. Sie wird nach innen und außen wohltätig wirken; nach innen, weil sie dazu führen muß, die Klassengegensätze im Lande abzuschleifen, nach außen, weil sie zwischen Deutschland und dem Ausland neue Brücken schlägt. Das Ausland aber darf nicht vergessen, daß Deutschland für den Frieden der Welt kämpft, wenn es den ihm vorgeschriebenen Kalvarienweg geht, und daß dieser Weg nur dann zum Ziele führen kann, wenn dasselbe Ausland, zu dessen Gunsten und Vorteil Deutschland arbeitet, ihm den Weg zur Weltwirtschaft freigibt.

Geborene Pioniere für die Vermittlung und Aufrechterhaltung der finanziellen Beziehungen zwischen Deutschland und der Welt sind ihrem Können und ihrer Struktur nach die deutschen Großbanken, und so weiten sich ihre Entwicklungstendenzen und Aufgaben gerade jetzt mehr denn je zu über die Gegenwart hinausreichenden Horizonten. Die Sonderart dieser Banken als Reservoire, Mitverwalter und Verwerter der fluktuierenden Kapitalien des In- und Auslandes, die aus ihrer Vergangenheit und Organisation fließende Befähigung zu schöpferischer Aufbauarbeit macht sie im Verein mit den berufenen privaten und öffentlichen Stellen des In- und Auslandes zu einem wesentlichen Gliede für das Zusammenwirken der Nationen. Möge das vorbildliche Verständnis, welches wir bei unserer Arbeit bisher in der Schweiz stets gefunden haben, sich auch angesichts der uns durch den Young-Plan gestellten Aufgaben von neuem bewähren und daraus Segen für beide Völker erwachsen!

Liebheit & Thiesen
BERLIN SW 19

FSC
www.fsc.org
MIX
Papier | Fördert
gute Waldnutzung
FSC® C083411

Kolibri 360 GmbH
Ferdinand-Jühlke-Straße 7
99095 Erfurt, Deutschland
produktsicherheit@kolibri360.de